This Recipe Book Belongs To:

A Collection of
My Favorite Recipes

Table of Contents

Page   Recipe Name

Table of Contents

Page   Recipe Name

Table of Contents

Page   Recipe Name

Recipe: _____

Serves: _____ Prep Time: _____ Cook Time: _____ Cook Temp: _____

Ingredients: Directions:

_____   _____
_____   _____
_____   _____
_____   _____
_____   _____
_____   _____
_____   _____
_____   _____
_____   _____
_____   _____
_____   _____
_____   _____
_____   _____
_____   _____
_____   _____
_____   _____
_____   _____
_____   _____

Notes:
_____
_____
_____
_____

Recipe: _____

Serves: _____ Prep Time: _____ Cook Time: _____ Cook Temp: _____

Ingredients: Directions:

Notes:

3

Recipe: _____

Serves: _____ Prep Time: _____ Cook Time: _____ Cook Temp: _____

Ingredients:

Directions:

Notes:

Recipe: _____

Serves: _____ Prep Time: _____ Cook Time: _____ Cook Temp: _____

Ingredients:

_____
_____
_____
_____
_____
_____
_____
_____
_____
_____
_____
_____
_____
_____
_____
_____
_____
_____
_____

Directions:

_____
_____
_____
_____
_____
_____
_____
_____
_____
_____
_____
_____
_____
_____
_____
_____
_____
_____
_____

Notes:
_____
_____
_____
_____
_____

Recipe: _____

Serves: _____ Prep Time: _____ Cook Time: _____ Cook Temp: _____

Ingredients:

_____
_____
_____
_____
_____
_____
_____
_____
_____
_____
_____
_____
_____
_____
_____
_____
_____
_____
_____
_____

Directions:

_____
_____
_____
_____
_____
_____
_____
_____
_____
_____
_____
_____
_____
_____
_____
_____
_____
_____
_____
_____

Notes:
_____
_____
_____
_____

6

Recipe: _____

Serves: _____ Prep Time: _____ Cook Time: _____ Cook Temp: _____

Ingredients: Directions:

Notes:

Recipe: _____

Serves: _____   Prep Time: _____   Cook Time: _____   Cook Temp: _____

Ingredients: Directions:

_____   _____
_____   _____
_____   _____
_____   _____
_____   _____
_____   _____
_____   _____
_____   _____
_____   _____
_____   _____
_____   _____
_____   _____
_____   _____
_____   _____
_____   _____
_____   _____
_____   _____
_____   _____
                                      _____
                                      _____

Notes:
_____
_____
_____
_____

Recipe: _____

Serves: _____ Prep Time: _____ Cook Time: _____ Cook Temp: _____

Ingredients: Directions:

Notes:

Recipe: _____

Serves: _____   Prep Time: _____   Cook Time: _____   Cook Temp: _____

Ingredients:

_____
_____
_____
_____
_____
_____
_____
_____
_____
_____
_____
_____
_____
_____
_____
_____
_____
_____
_____
_____
_____

Directions:

_____
_____
_____
_____
_____
_____
_____
_____
_____
_____
_____
_____
_____
_____
_____
_____
_____
_____
_____
_____
_____

Notes:
_____
_____
_____
_____

Recipe: _____

Serves: _____   Prep Time: _____   Cook Time: _____   Cook Temp: _____

Ingredients:

Directions:

Notes:

Recipe: _____

Serves: _____   Prep Time: _____   Cook Time: _____   Cook Temp: _____

Ingredients:

_____
_____
_____
_____
_____
_____
_____
_____
_____
_____
_____
_____
_____
_____
_____
_____
_____
_____
_____
_____

Directions:

_____
_____
_____
_____
_____
_____
_____
_____
_____
_____
_____
_____
_____
_____
_____
_____
_____
_____
_____
_____

Notes:
_____
_____
_____
_____

12

Recipe: _____

Serves: _____ Prep Time: _____ Cook Time: _____ Cook Temp: _____

Ingredients: Directions:

Notes:

13

Recipe: _____

Serves: _____ Prep Time: _____ Cook Time: _____ Cook Temp: _____

Ingredients: Directions:

Notes:

Recipe: _____

Serves: _____ Prep Time: _____ Cook Time: _____ Cook Temp: _____

Ingredients: Directions:

Notes:

Recipe: _____

Serves: _____ Prep Time: _____ Cook Time: _____ Cook Temp: _____

Ingredients:

_____
_____
_____
_____
_____
_____
_____
_____
_____
_____
_____
_____
_____
_____
_____
_____
_____
_____
_____
_____

Directions:

_____
_____
_____
_____
_____
_____
_____
_____
_____
_____
_____
_____
_____
_____
_____
_____
_____
_____
_____
_____

Notes:
_____
_____
_____
_____

Recipe: _____

Serves: _____   Prep Time: _____   Cook Time: _____   Cook Temp: _____

Ingredients: Directions:

_____   _____
_____   _____
_____   _____
_____   _____
_____   _____
_____   _____
_____   _____
_____   _____
_____   _____
_____   _____
_____   _____
_____   _____
_____   _____
_____   _____
_____   _____
_____   _____
_____   _____
_____   _____
_____   _____

Notes:
_____
_____
_____
_____

Recipe:

Serves: _____   Prep Time: _____   Cook Time: _____   Cook Temp: _____

Ingredients:

Directions:

Notes:

18

Recipe: _____

Serves: _____ Prep Time: _____ Cook Time: _____ Cook Temp: _____

Ingredients:

Directions:

Notes:

Recipe: _____

Serves: _____   Prep Time: _____   Cook Time: _____   Cook Temp: _____

Ingredients: Directions:

Notes:

20

Recipe: _____

Serves: _____ Prep Time: _____ Cook Time: _____ Cook Temp: _____

Ingredients: Directions:

Notes:

Recipe: _____

Serves: _____   Prep Time: _____   Cook Time: _____   Cook Temp: _____

Ingredients:

_____
_____
_____
_____
_____
_____
_____
_____
_____
_____
_____
_____
_____
_____
_____
_____
_____
_____
_____
_____

Directions:

_____
_____
_____
_____
_____
_____
_____
_____
_____
_____
_____
_____
_____
_____
_____
_____
_____
_____
_____
_____

Notes:
_____
_____
_____
_____

22

Recipe: _____

Serves: _____ Prep Time: _____ Cook Time: _____ Cook Temp: _____

Ingredients: Directions:

Notes:

23

Recipe: _____

Serves: _____ Prep Time: _____ Cook Time: _____ Cook Temp: _____

Ingredients: **Directions:**

Notes:

Recipe: _____

Serves: _____ Prep Time: _____ Cook Time: _____ Cook Temp: _____

Ingredients:

_____
_____
_____
_____
_____
_____
_____
_____
_____
_____
_____
_____
_____
_____
_____
_____
_____
_____
_____
_____

Directions:

_____
_____
_____
_____
_____
_____
_____
_____
_____
_____
_____
_____
_____
_____
_____
_____
_____
_____
_____
_____

Notes:
_____
_____
_____
_____

Recipe: _____

Serves: _____ Prep Time: _____ Cook Time: _____ Cook Temp: _____

Ingredients:

Directions:

Notes:

26

Recipe: _____

Serves: _____ Prep Time: _____ Cook Time: _____ Cook Temp: _____

Ingredients: Directions:

Notes:

27

Recipe: _____

Serves: _____   Prep Time: _____   Cook Time: _____   Cook Temp: _____

Ingredients: Directions:

Notes:

28

Recipe: _____

Serves: _____ Prep Time: _____ Cook Time: _____ Cook Temp: _____

Ingredients: Directions:

Notes:

Recipe: _____

Serves: _____ Prep Time: _____ Cook Time: _____ Cook Temp: _____

Ingredients:

_____
_____
_____
_____
_____
_____
_____
_____
_____
_____
_____
_____
_____
_____
_____
_____
_____
_____

Directions:

_____
_____
_____
_____
_____
_____
_____
_____
_____
_____
_____
_____
_____
_____
_____
_____
_____
_____

Notes:
_____
_____
_____
_____

30

Recipe: _____

Serves: _____   Prep Time: _____   Cook Time: _____   Cook Temp: _____

Ingredients: Directions:

Notes:

Recipe:

Serves: _____   Prep Time: _____   Cook Time: _____   Cook Temp: _____

Ingredients:

Directions:

Notes:

32

Recipe: _____

Serves: _____   Prep Time: _____   Cook Time: _____   Cook Temp: _____

Ingredients:

Directions:

Notes:

Recipe:

Serves: _____ Prep Time: _____ Cook Time: _____ Cook Temp: _____

Ingredients:

Directions:

Notes:

Recipe: _____

Serves: _____ Prep Time: _____ Cook Time: _____ Cook Temp: _____

Ingredients: Directions:

Notes:

Recipe: _____

Serves: _____ Prep Time: _____ Cook Time: _____ Cook Temp: _____

Ingredients:

Directions:

Notes:

36

Recipe: _____

Serves: _____ Prep Time: _____ Cook Time: _____ Cook Temp: _____

Ingredients: Directions:

Notes:

37

Recipe: _____

Serves: _____ Prep Time: _____ Cook Time: _____ Cook Temp: _____

Ingredients:

_____
_____
_____
_____
_____
_____
_____
_____
_____
_____
_____
_____
_____
_____
_____
_____

Directions:

_____
_____
_____
_____
_____
_____
_____
_____
_____
_____
_____
_____
_____
_____
_____
_____

Notes:
_____
_____
_____
_____

38

Recipe: _____

Serves: _____ Prep Time: _____ Cook Time: _____ Cook Temp: _____

Ingredients: Directions:

Notes:

Recipe: _____

Serves: _____ Prep Time: _____ Cook Time: _____ Cook Temp: _____

Ingredients:

Directions:

Notes:

40

Recipe: _____

Serves: _____ Prep Time: _____ Cook Time: _____ Cook Temp: _____

Ingredients:

Directions:

Notes:

Recipe: _____

Serves: _____ Prep Time: _____ Cook Time: _____ Cook Temp: _____

Ingredients:

Directions:

Notes:

42

Recipe: _____

Serves: _____   Prep Time: _____   Cook Time: _____   Cook Temp: _____

Ingredients: Directions:

Notes:

Recipe: _____

Serves: _____ Prep Time: _____ Cook Time: _____ Cook Temp: _____

Ingredients:

_____
_____
_____
_____
_____
_____
_____
_____
_____
_____
_____
_____
_____
_____
_____
_____
_____
_____
_____
_____

Directions:

_____
_____
_____
_____
_____
_____
_____
_____
_____
_____
_____
_____
_____
_____
_____
_____
_____
_____
_____
_____

Notes:
_____
_____
_____
_____

44

Recipe: _____

Serves: _____ Prep Time: _____ Cook Time: _____ Cook Temp: _____

Ingredients:

Directions:

Notes:

Recipe: _____

Serves: _____ Prep Time: _____ Cook Time: _____ Cook Temp: _____

Ingredients:

_____
_____
_____
_____
_____
_____
_____
_____
_____
_____
_____
_____
_____
_____
_____
_____
_____
_____

Directions:

_____
_____
_____
_____
_____
_____
_____
_____
_____
_____
_____
_____
_____
_____
_____
_____
_____
_____

Notes:
_____
_____
_____
_____

Recipe: _____

Serves: _____ Prep Time: _____ Cook Time: _____ Cook Temp: _____

Ingredients:

Directions:

Notes:

Recipe: _____

Serves: _____   Prep Time: _____   Cook Time: _____   Cook Temp: _____

Ingredients: Directions:

Recipe: _____

Serves: _____ Prep Time: _____ Cook Time: _____ Cook Temp: _____

Ingredients: Directions:

Notes:

Recipe: _____

Serves: _____ Prep Time: _____ Cook Time: _____ Cook Temp: _____

Ingredients:

Directions:

Notes:

Recipe: _____

Serves: _____ Prep Time: _____ Cook Time: _____ Cook Temp: _____

Ingredients:

_____
_____
_____
_____
_____
_____
_____
_____
_____
_____
_____
_____
_____
_____
_____
_____
_____
_____
_____
_____

Directions:

_____
_____
_____
_____
_____
_____
_____
_____
_____
_____
_____
_____
_____
_____
_____
_____
_____
_____
_____
_____

Notes:
_____
_____
_____
_____

Recipe: _____

Serves: _____ Prep Time: _____ Cook Time: _____ Cook Temp: _____

Ingredients:

Directions:

Notes:

52

Recipe: _____

Serves: _____   Prep Time: _____   Cook Time: _____   Cook Temp: _____

Ingredients:

_____
_____
_____
_____
_____
_____
_____
_____
_____
_____
_____
_____
_____
_____
_____
_____
_____
_____
_____

Directions:

_____
_____
_____
_____
_____
_____
_____
_____
_____
_____
_____
_____
_____
_____
_____
_____
_____
_____
_____

Notes:
_____
_____
_____
_____
_____

Recipe: _____

Serves: _____ Prep Time: _____ Cook Time: _____ Cook Temp: _____

Ingredients:

_____
_____
_____
_____
_____
_____
_____
_____
_____
_____
_____
_____
_____
_____
_____
_____
_____

Directions:

_____
_____
_____
_____
_____
_____
_____
_____
_____
_____
_____
_____
_____
_____
_____
_____
_____

Notes:
_____
_____
_____
_____

Recipe: _____

Serves: _____   Prep Time: _____   Cook Time: _____   Cook Temp: _____

Ingredients: Directions:

Notes:

Recipe: _____

Serves: _____ Prep Time: _____ Cook Time: _____ Cook Temp: _____

Ingredients:

Directions:

Notes:

Recipe:

Serves: _____ Prep Time: _____ Cook Time: _____ Cook Temp: _____

Ingredients:

Directions:

Notes:

57

Recipe: _____

Serves: _____ Prep Time: _____ Cook Time: _____ Cook Temp: _____

Ingredients:

Directions:

Notes:

Recipe: _____

Serves: _____ Prep Time: _____ Cook Time: _____ Cook Temp: _____

Ingredients: Directions:

Notes:

Recipe: _____

Serves: _____ Prep Time: _____ Cook Time: _____ Cook Temp: _____

Ingredients:

_____
_____
_____
_____
_____
_____
_____
_____
_____
_____
_____
_____
_____
_____
_____
_____
_____

Directions:

_____
_____
_____
_____
_____
_____
_____
_____
_____
_____
_____
_____
_____
_____
_____
_____
_____

Notes:
_____
_____
_____
_____

Recipe: _____

Serves: _____ Prep Time: _____ Cook Time: _____ Cook Temp: _____

Ingredients:

_____
_____
_____
_____
_____
_____
_____
_____
_____
_____
_____
_____
_____
_____
_____
_____
_____
_____
_____

Directions:

_____
_____
_____
_____
_____
_____
_____
_____
_____
_____
_____
_____
_____
_____
_____
_____
_____
_____
_____

Notes:
_____
_____
_____
_____

61

Recipe: _____

Serves: _____ Prep Time: _____ Cook Time: _____ Cook Temp: _____

Ingredients:

_____
_____
_____
_____
_____
_____
_____
_____
_____
_____
_____
_____
_____
_____
_____
_____
_____

Directions:

_____
_____
_____
_____
_____
_____
_____
_____
_____
_____
_____
_____
_____
_____
_____
_____
_____

Notes:
_____
_____
_____
_____

62

Recipe: _____

Serves: _____ Prep Time: _____ Cook Time: _____ Cook Temp: _____

Ingredients:

_____
_____
_____
_____
_____
_____
_____
_____
_____
_____
_____
_____
_____
_____
_____
_____
_____
_____
_____
_____
_____

Directions:

_____
_____
_____
_____
_____
_____
_____
_____
_____
_____
_____
_____
_____
_____
_____
_____
_____
_____
_____
_____
_____
_____
_____
_____
_____

Notes:
_____
_____
_____
_____
_____

Recipe: _____

Serves: _____ Prep Time: _____ Cook Time: _____ Cook Temp: _____

Ingredients:

Directions:

Notes:

Recipe: _____

Serves: _____ Prep Time: _____ Cook Time: _____ Cook Temp: _____

Ingredients:

Directions:

Notes:

Recipe: _____

Serves: _____ Prep Time: _____ Cook Time: _____ Cook Temp: _____

Ingredients: Directions:

Notes:

66

Recipe: _____

Serves: _____   Prep Time: _____   Cook Time: _____   Cook Temp: _____

Ingredients:

_____
_____
_____
_____
_____
_____
_____
_____
_____
_____
_____
_____
_____
_____
_____
_____
_____
_____
_____
_____

Directions:

_____
_____
_____
_____
_____
_____
_____
_____
_____
_____
_____
_____
_____
_____
_____
_____
_____
_____
_____
_____

Notes:
_____
_____
_____
_____
_____

Recipe: _____

Serves: _____ Prep Time: _____ Cook Time: _____ Cook Temp: _____

Ingredients:

Directions:

Notes:

68

Recipe: _____

Serves: _____ Prep Time: _____ Cook Time: _____ Cook Temp: _____

Ingredients: Directions:

Notes:

69

Recipe: _____

Serves: _____ Prep Time: _____ Cook Time: _____ Cook Temp: _____

Ingredients: Directions:

Notes:

Recipe: _____

Serves: _____ Prep Time: _____ Cook Time: _____ Cook Temp: _____

Ingredients:

_____
_____
_____
_____
_____
_____
_____
_____
_____
_____
_____
_____
_____
_____
_____
_____
_____

Directions:

_____
_____
_____
_____
_____
_____
_____
_____
_____
_____
_____
_____
_____
_____
_____
_____
_____

Notes:
_____
_____
_____
_____

71

Recipe: _____

Serves: _____   Prep Time: _____   Cook Time: _____   Cook Temp: _____

Ingredients:

Directions:

Notes:

Recipe: _____

Serves: _____ Prep Time: _____ Cook Time: _____ Cook Temp: _____

Ingredients:

Directions:

Notes:

Recipe: _____

Serves: _____ Prep Time: _____ Cook Time: _____ Cook Temp: _____

Ingredients:

Directions:

Notes:

Recipe: _____

Serves: _____ Prep Time: _____ Cook Time: _____ Cook Temp: _____

Ingredients:

Directions:

Notes:

75

Recipe: _____

Serves: _____ Prep Time: _____ Cook Time: _____ Cook Temp: _____

Ingredients:

_____
_____
_____
_____
_____
_____
_____
_____
_____
_____
_____
_____
_____
_____
_____
_____
_____
_____
_____
_____

Directions:

_____
_____
_____
_____
_____
_____
_____
_____
_____
_____
_____
_____
_____
_____
_____
_____
_____
_____
_____
_____

Notes:
_____
_____
_____
_____

76

Recipe: _____

Serves: _____ Prep Time: _____ Cook Time: _____ Cook Temp: _____

Ingredients:

_____
_____
_____
_____
_____
_____
_____
_____
_____
_____
_____
_____
_____
_____
_____
_____
_____
_____
_____
_____

Directions:

_____
_____
_____
_____
_____
_____
_____
_____
_____
_____
_____
_____
_____
_____
_____
_____
_____
_____
_____
_____

Notes:
_____
_____
_____
_____

77

Recipe: _____

Serves: _____ Prep Time: _____ Cook Time: _____ Cook Temp: _____

Ingredients: Directions:

Recipe: _____

Serves: _____ Prep Time: _____ Cook Time: _____ Cook Temp: _____

Ingredients:

_____
_____
_____
_____
_____
_____
_____
_____
_____
_____
_____
_____
_____
_____
_____
_____
_____
_____

Directions:

_____
_____
_____
_____
_____
_____
_____
_____
_____
_____
_____
_____
_____
_____
_____
_____
_____
_____
_____
_____
_____
_____

Notes:
_____
_____
_____
_____
_____

Recipe: _____

Serves: _____ Prep Time: _____ Cook Time: _____ Cook Temp: _____

Ingredients:

Directions:

Notes:

Recipe: _____

Serves: _____ Prep Time: _____ Cook Time: _____ Cook Temp: _____

Ingredients:

_____
_____
_____
_____
_____
_____
_____
_____
_____
_____
_____
_____
_____
_____
_____
_____
_____
_____
_____

Directions:

_____
_____
_____
_____
_____
_____
_____
_____
_____
_____
_____
_____
_____
_____
_____
_____
_____
_____
_____

Notes:
_____
_____
_____
_____
_____

Recipe: _____

Serves: _____ Prep Time: _____ Cook Time: _____ Cook Temp: _____

Ingredients:

Directions:

Notes:

Recipe: _____

Serves: _____ Prep Time: _____ Cook Time: _____ Cook Temp: _____

Ingredients:

Directions:

Notes:

Recipe: _____

Serves: _____ Prep Time: _____ Cook Time: _____ Cook Temp: _____

Ingredients:

_____
_____
_____
_____
_____
_____
_____
_____
_____
_____
_____
_____
_____
_____
_____
_____
_____

Directions:

_____
_____
_____
_____
_____
_____
_____
_____
_____
_____
_____
_____
_____
_____
_____
_____
_____

Notes:
_____
_____
_____
_____

Recipe: _____

Serves: _____ Prep Time: _____ Cook Time: _____ Cook Temp: _____

Ingredients:

Directions:

Notes:

Recipe: _____

Serves: _____ Prep Time: _____ Cook Time: _____ Cook Temp: _____

Ingredients: Directions:

Notes:

Recipe: _____

Serves: _____ Prep Time: _____ Cook Time: _____ Cook Temp: _____

Ingredients:

_____
_____
_____
_____
_____
_____
_____
_____
_____
_____
_____
_____
_____
_____
_____
_____
_____
_____

Directions:

_____
_____
_____
_____
_____
_____
_____
_____
_____
_____
_____
_____
_____
_____
_____
_____
_____
_____

Notes:
_____
_____
_____
_____
_____

Recipe: _____

Serves: _____ Prep Time: _____ Cook Time: _____ Cook Temp: _____

Ingredients: Directions:
_____   _____
_____   _____
_____   _____
_____   _____
_____   _____
_____   _____
_____   _____
_____   _____
_____   _____
_____   _____
_____   _____
_____   _____
_____   _____
_____   _____
_____   _____
_____   _____
_____   _____
_____   _____
_____   _____

Notes:
_____
_____
_____
_____

Recipe: _____

Serves: _____ Prep Time: _____ Cook Time: _____ Cook Temp: _____

Ingredients: Directions:

Notes:

Recipe: _____

Serves: _____ Prep Time: _____ Cook Time: _____ Cook Temp: _____

Ingredients:

Directions:

Notes:

Recipe:

Serves: _____ Prep Time: _____ Cook Time: _____ Cook Temp: _____

Ingredients:

Directions:

Notes:

91

Recipe: _____

Serves: _____ Prep Time: _____ Cook Time: _____ Cook Temp: _____

Ingredients:

Directions:

Notes:

Recipe:

Serves: _____ Prep Time: _____ Cook Time: _____ Cook Temp: _____

Ingredients:

Directions:

Notes:

Recipe: _____

Serves: _____ Prep Time: _____ Cook Time: _____ Cook Temp: _____

Ingredients:

Directions:

Notes:

94

Recipe: _____

Serves: _____ Prep Time: _____ Cook Time: _____ Cook Temp: _____

Ingredients:

Directions:

Notes:

95

Recipe: _____

Serves: _____ Prep Time: _____ Cook Time: _____ Cook Temp: _____

Ingredients:

Directions:

Notes:

Made in the USA
Las Vegas, NV
21 December 2024